NÉCROLOGIE.

Henri AUCAPITAINE.

1832-1867.

LA ROCHELLE,
TYPOGRAPHIE DE G. MARESCHAL, RUE DE L'ESCALE, 20.

1868.

NÉCROLOGIE.

Henri AUCAPITAINE.

1832 1867.

NÉCROLOGIE.

Henri AUCAPITAINE.

1832-1867.

La Société des Sciences naturelles tient à honneur de rendre un public hommage à la mémoire de l'un de ses membres les plus distingués, enlevé par une mort prématurée aux études qu'il cultivait avec éclat.

Le baron Jean-Charles-Henri Aucapitaine, d'une famille irlandaise venue en France avec les Stuarts, dont la branche principale s'est éteinte récemment dans la personne du dernier comte de Limanges, naquit à Saint-Maurice, le 5 novembre 1832, du mariage de Claude-Charles-Ferdinand Aucapitaine, chef de bataillon, et de Louise-Flavie Lemercier.

Sous la direction bienveillante de MM. Blutel et d'Orbigny père, il aborda de bonne heure les études zoologiques, et fut, à dix-sept ans, membre agrégé

* Notice lue à la séance publique de l'Académie de la Rochelle.

de la Société des Sciences naturelles, qui lui ouvrit sa bibliothèque et ses riches collections. Le 1ᵉʳ décembre 1851, le jeune naturaliste partit pour Paris, en remerciant ses collègues de leurs encouragements, mais sans cesser d'être leur correspondant.

Un heureux hasard le mit en rapport, au Muséum, avec le prince Charles Bonaparte, qui le prit en affection, et exerça une véritable influence sur la direction de ses travaux.

Le temps venu de choisir une carrière, Henri s'engagea dans les tirailleurs indigènes de l'Algérie, et, poursuivant ses études favorites au milieu de la vie agitée du soldat, il mit à profit toutes les occasions d'observer et d'apprendre. Ses connaissances spéciales le mirent bientôt en évidence. Zélé et heureux chercheur, il publia dans diverses revues sur l'histoire naturelle et l'ethnographie des mémoires très-remarqués. Il recueillit chez les Kabyles un grand nombre de *Kanoun* ou codes en usage depuis une époque reculée, et couronna ses recherches par la découverte, près des ruines de l'ancienne colonie de Kuzubezer, du fameux bas-relief d'Abizar, curieux monument du vieil idiôme berbère en Kabylie. Envoyé en 1860 en Syrie, comme secrétaire du général de division de Beaufort-d'Hautpoul, il profita de cette expédition pour étudier l'origine, les mœurs et les croyances des Druses. Un séjour de quelques années en Corse lui permit, tout en continuant ses observations d'histoire naturelle, de constater l'analogie des monuments anciens de cette île avec les tombeaux phéniciens qu'il avait observés en Syrie. De retour en Afrique, sa connaissance approfondie de l'idiôme et des mœurs du pays, son mérite incontesté, son affabilité et son dévouement éprouvé le firent attacher aux bureaux arabes. Après avoir composé une grammaire touareg, qui est sous presse aujourd'hui, M. le baron Aucapitaine se proposait de couronner ses travaux sur la Kabylie par des recherches sur les sectes religieuses musulmanes qui devaient être son œuvre capitale. Il travaillait à cet ouvrage lors de son dernier voyage à la Rochelle, où il avait été appelé par le décès de sa mère. Notre savant compatriote reçut dans sa ville natale son brevet de lieutenant au 49ᵉ de ligne, avec l'ordre de rejoindre son nouveau poste, le fort des Beni-Mansours (Kabylie), dont il avait le commandement. Le choléra régnait aux environs de ce poste. M. Aucapitaine n'hésita pas à s'y rendre immédiatement. Ses dernières lettres attestent son sang-froid et son courage pendant l'épidémie. Inutiles efforts !

« C'était là que la mort attendait ses victimes. »

Le fléau atteignit d'abord sa jeune compagne, Madeleine de Chancel, qui succomba en quelques heures, dans sa vingt-sixième année, au bout de trois mois de mariage. Trois jours après lui avoir fermé les yeux, M. Aucapitaine fut lui-même frappé, et mourut à trente-quatre ans, le 25 septembre 1867.

La nouvelle de ce coup terrible éveilla à la Rochelle un sympathique et général intérêt. Les nombreux amis de M. Aucapitaine signalèrent le charme de son esprit, la noblesse de ses sentiments, l'amabilité de son caractère. Le journal *le Globe*, organe de la Société de Géographie de Genève, exprima les regrets du monde savant. Mais, pour avoir été sitôt brisée, la carrière de M. Aucapitaine n'en a pas moins été bien remplie. Ce fut une vie d'efforts et de travail, de jouissances noblement acquises, qui justifiait de vastes espérances trop promptement déçues. On dirait que la mort choisit cruellement ses victimes. Reconnaissons plutôt que nulle carrière n'est assez vaste ici-bas, nulle existence assez longue. Il faut des ailes par dessus la vie, des ailes par delà la mort.

Il ne nous reste plus qu'à jeter un coup-d'œil sur les principaux ouvrages de M. Aucapitaine.

Ses études variées, marquées au coin de l'observation la plus consciencieuse et de la plus patiente analyse, qui lui ouvrirent l'entrée de diverses Compagnies scientifiques et lui méritèrent la décoration de la Légion-d'Honneur, se divisent en deux catégories :

1º Les notices ou mémoires de zoologie et de physiologie publiés dans les *Annales des Sciences naturelles*, la *Revue de Zoologie*, le *Journal de*

Conchyliologie, les comptes-rendus des séances de l'Académie des Sciences ;

2° Les recherches sur l'archéologie, la linguistique et l'histoire qui se distinguent par l'originalité et la profondeur des vues.

I.

HISTOIRE NATURELLE.

Les mémoires zoologiques comprennent des notices sur le mouflon d'Afrique, qui paraît susceptible d'être acclimaté dans les régions montagneuses de la France ; — l'antilope du désert qui vit un certain temps sans boire ; — l'existence des ours dans les montagnes de l'Afrique septentrionale et leur présence en Corse au xvie siècle attestée par un procès-verbal déposé aux archives d'Ajaccio ; — les mollusques du littoral de l'Algérie ; — la construction du nid de l'autruche au milieu des touffes de térébinthe du désert ; — les crocodiles du Sahara tunisien ; — les dromadaires de course des Touaregs ou méharis ; — les annotations au catalogue des coquilles marines de l'Algérie, publié par M. Weinkauff ; — la perforation des rochers par certains mollusques ; — la formation huîtrière de l'étang de Diane en Corse, qui présente quelque analogie avec les buttes de Saint-Michel-en-l'Herm.

Si incomplète que soit cette nomenclature, elle donne une idée avantageuse de la variété et de l'intérêt des observations du jeune savant. Toutefois, il ne suffit pas de compléter et d'éclairer la classification des animaux, il est surtout utile de pénétrer dans leur organisation intime, d'étudier leur anatomie et leur physiologie. A ce titre, nous devons indiquer les curieuses expériences de M. Aucapitaine sur la persistance de la vie dans quelques mollusques terrestres soumis à l'action des eaux marines.

Il plaça cent mollusques terrestres de diverses espèces, dont les coquilles étaient fermées par des opercules solides, vitreux et papyracés, sur des branchages fixés dans une caisse de sapin percée de trous à la partie supérieure et plongeant entièrement dans la mer. Après quatorze jours d'immersion, vingt-sept survivaient encore, résultat fort remarquable qui dénote une singulière énergie vitale chez les animaux inférieurs, et indique de quelle manière certaines espèces ont pu se transmettre et se répartir sur les continents isolés et les îles de l'Océanie.

II.

HISTOIRE.

Un érudit, dont le nom fait autorité, M. de Mas-Latrie, s'est plu à signaler au Comité historique du

Ministère de l'instruction publique les savantes dissertations de notre compatriote sur l'épigraphie, la géographie, la linguistique, l'archéologie et l'histoire de la Haute-Kabylie : — Dialectes berbers de l'Algérie. — Origine et histoire des tribus berbères de la Haute-Kabylie. — Le pays et la société kabyle. — Les confins militaires de la Grande-Kabylie. — Tribu des Aïn-Fraoucen. — Établissement des Arabes dans la province de Constantine. — La caravane de la Mecque et le commerce extérieur de l'Afrique. — Les Kabyles et la colonisation de l'Algérie. — Les Yem-Yem, tribu anthropophage d'hommes à queue de l'Afrique centrale. — Excursion chez les Zouaoua de la Haute-Kabylie. — Histoire et administration du beylik de Titeri.

Bornons ici cette énumération pour emprunter à M. Aucapitaine quelques traits caractéristiques de la physionomie des Kabyles, cette race primitive et vivace, dont la fixité est presque restée sans atteinte, et dont la langue, le caractère, la nationalité se sont transmis inaltérés jusqu'à nous :

« Courbés sous le même joug, subissant le même sort, Arabes et Berbères finirent par ne voir entre eux aucune différence. Par suite de cette tendance des Berbers vaincus à se faire passer pour Arabes, c'est-à-dire pour conquérants, beaucoup de tribus ont fini par être comptées comme telles, quoique l'étude de leurs filiations ne puisse laisser aucun doute sur leur origine. On peut avancer qu'il en fut des Arabes autour de Constantine, comme des Francs en Gaule : quoique la population ait gardé le nom des envahisseurs, le fond de la population, à bien peu d'exceptions près, est presque entièrement formé par la descendance des vaincus. »

Écoutons la légende transmise par la tradition :

« Aux premiers âges du monde, un Roi géant
» régnait en Arabie, sur une vaste contrée monta-
» gneuse, lorsqu'arriva menaçant au pied de ses
» montagnes, le prophète Moïse, qui conduisait les
» Hébreux à la recherche de la Terre Promise.
» Devant ces envahisseurs plus nombreux que le
» sable de la mer, le Roi résolut de s'enfuir en
» emportant son montagneux empire sur ses larges
» épaules. La nuit favorisa sa fuite. A la pointe du
» jour, ses pas de géant avaient déjà franchi des
» centaines de lieues, quand, épuisé de fatigue, il
» tomba. Le Djurjura (car c'était le Djurjura qu'il
» portait) l'écrasa de son poids, et du cadavre
» gigantesque naquit la race qui habita désormais
» le pays. »

Telle est la fable qui se raconte en Kabylie, souvenir mythologique du Roi Atlas et du géant Antée dénaturé par les marabouts.

« Ce qu'il y a de plus évident pour moi, dit M. Aucapitaine, c'est que la société kabyle actuelle n'est que le reste d'un peuple plus considérable que les invasions successives, dont le Nord de l'Afrique a été successivement le théâtre, ont peu à peu refoulé dans des lieux inaccessibles. Un constant amour de la liberté l'a toujours empêché de se soumettre. Une idée nouvelle, née dans ces dernières années d'un peu plus de connaissance de cette nationalité, a fait présumer qu'à une époque fort difficile à préciser, les Kabyles ont été chrétiens. Quelque hardie que puisse être cette opinion, elle n'est peut-être pas insoutenable. On sait que la croix ne se trouve jamais chez les musulmans ; j'ai vu fréquemment des Kabyles tatoués de ce symbole du christianisme, et on le trouve plus souvent encore chez les femmes de cette nation. Ce qui, à un très-haut point, fait des tribus kabyles une nation intéressante, ce sont ces mœurs si tranchées au milieu du peuple arabe. J'ai vécu avec les Arabes, j'ai vécu avec les Kabyles ; j'ai vu ces derniers, mêlés aux premiers, souvent contraints de vivre de la même vie, et toujours j'ai remarqué que leur caractère différait autant que leur langage. Soumis à la même discipline, je reconnais toujours le Kabyle quand, au bivouac du soir, il se met à jouer de sa petite flûte de roseau ; il est plus alerte au qui-vive de la sentinelle française. Qu'on veuille bien me permettre d'esquisser en quelques traits le résumé de mes impressions ; cette ébauche est faite d'après nature. L'Arabe vit en société éminemment aristocratique. Au désert comme dans les kssours, sous la tente comme dans les cités, il est l'expression vivante de la féodalité qui a régi l'Europe au moyen âge. Mêmes mœurs, mêmes rivalités, le servage avec ses redevances parfois cruelles, souvent minimes, la guerre, le cheval, la chasse au faucon ou au sloccigui, le djouad (noble) entouré de ses kredim (serviteurs), le sentiment invétéré du respect pour la tradition, pour ceux qui commandent par droit de naissance. J'en ai vu des exemples remarquables : des descendants ruinés de familles de grandes tentes étaient entourés du respect général ; des chefs aujourd'hui riches et puissants venaient à la tête de leurs cavaliers baiser les mains de l'enfant à la mamelle, fils, petit-fils d'un illustre guerrier que son courage et ses alliances avaient fait jadis le khalifa de nombreux douairs.

» Le Kabyle, c'est tout l'opposé. Le gouvernement démocratique est la base du gouvernement ; il fonctionne, et nul ne peut prétendre à exclure cette forme sociale pour accaparer un pouvoir despotique sans précédents dans les annales de ce peuple. Si l'Arabe est fanatique de sa religion, ou tout au moins s'il feint de l'être, le Kabyle est un tiède sectateur de Mahomet. On sent toute la différence de celui qui a imposé le culte à celui qui l'a accepté de par le cimeterre.

» On retrouve chez les peuples kabyles la *vendetta* corse avec ses vengeances héréditaires, et ce sentiment redoutable est la principale cause de trouble de ce pays. Les Kabyles de notre temps sont bien ceux dont Salluste a caractérisé la turbulente instabilité. Autant l'Arabe est à la fois vain, orgueilleux et mendiant, autant le Kabyle, froid et dédaigneux, sera fier même avec les plus grands. Il méprisera vos cadeaux, et la rapace cupidité du Bédouin n'a pas de place dans son cœur. Un Arabe vous baise la main, vous accable de salutations et de prévenances ampoulées : notre montagnard vous saluera ; mais si vous ne faites pas attention à sa politesse, il pourra bien faire résonner la poudre au marché prochain. Le Kabyle se frotte fréquemment la chevelure d'huile et se lave le visage ; l'Arabe couchera dans la boue, à la pluie, au soleil, dans la montagne, dans la plaine ; il ne quittera son vêtement qu'au moment où le burnous et la gandoura ne tiennent plus sur ses épaules et sont couverts de vermine. La femme, et le degré de liberté dont elle jouit, sont un des témoignages les plus significatifs du degré de civilisation d'une société ; on sait généralement à quelle malheureuse condition est réduite la compagne de l'Arabe ; esclavage et labeur, voilà sa devise. La femme kabyle sort le visage découvert, elle assiste aux repas, même en présence des étrangers. Le jour férié des musulmans est le vendredi ; chez le kabyle, c'est le dimanche ; travailler ce jour-là est une infraction punie par le cadi. Ne serait-ce pas là une réminiscence chrétienne ? Le bâton est une peine afflictive chez les Arabes, qui n'en sont guères honteux. Jamais le Kabyle n'est frappé, les coups sont infamants. Peut-être la plus grande différence matérielle et morale des deux races est-elle le mode général d'existence. L'Arabe représente l'instabilité immuable du désert, la vie errante et nomade des temps bibliques, la tente au poil de chameau, les nombreux troupeaux.... Le Kabyle habite une maison de pierre, ses villages sont placés sur de vastes et riantes montagnes boisées qui rappellent parfois les hameaux de France. »

Louis de RICHEMOND.

PRINCIPALES PUBLICATIONS

De M. le baron Henri Aucapitaine.

1. Observations sur la perforation des roches par les mollusques du genre *Pholas* (*Revue de Zoologie*. — Octobre 1851).

2. Catalogue des animaux mollusques qui vivent sur le littoral de la Charente-Inférieure (*Revue de Zoologie*. — Janvier 1852).

3. Notes sur l'habitat des espèces du genre *Auricula* Lam. (Juillet 1852. — *Revue de Zoologie*).

4. Études sur les Primates du genre *Gorille* (Cours de M. Isidore Geoffroy Saint-Hilaire. — 1853. — *Revue de Zoologie*).

5. Notes historiques sur la ville, le château de Boussac et la famille de Brosses. — Paris. — Dumoulin. — 1853 In-8°, 32 pages.

6. Rapport sur le voyage au Soudan Oriental et dans l'Afrique septentrionale pendant les années 1847 et 1848, par M. Trémeaux. — Paris, imp. Lacour, 1853. — In-16 32 pages.

7. Notice sur le mouflon à manchettes ou mouflon d'Afrique. — 1856. (*Revue de Zoologie.*)

8. Les Chameaux coureurs. — M'hara (du Sud). 1856. (*Nouvelles Annales des voyages, de la géographie, de l'histoire et de l'archéologie*, par M. V.-A. Malte-Brun)

9. Observations sur les Mollusques perforants (*Annales des Sciences naturelles*, II, page 367).

10. Les confins militaires de la Grande-Kabylie, sous la domination turque (province d'Alger). — In-18. — 1857. — Moquet. — 36 pages.

11. La Kabylie et les Kabyles. — 1857. (*Le Correspondant*. — Paris. — Charles Douniol.)

12. Les Yem-Yem, tribu anthropophage de l'Afrique centrale. — 1858. (*Nouvelles Annales des Voyages.*)

13. Habitat de la *Cyprœa moneta* (oudâa). — 1858. (*Revue de Zoologie.*)

14. L'immigration des noirs en Algérie. — 1858. (*Nouvelles Annales des voyages.*)

15. Le pays et la société kabyle. — Expédition de 1857. — 1858. (*Nouvelles Annales des Voyages.*)

16. Lettre à M. l'éditeur de la *Revue archéologique* sur Djemaa't-es-sah' Aridj (Kabylie). — 1858. *Revue archéologique.*)

17. Bou Saada (province de Constantine). — 1858. (*Revue de l'Orient.*)

18. Études sur l'origine et l'histoire des tribus berbères de la Haute-Kabylie. — In-8°. — 1859. — Imprimerie impériale. — Extrait du *Journal asiatique.* — 16 pages.

19. Observations sur l'habitat de la *Cyprœa moneta*, en réponse à M. Crosse. — 1859. (*Revue de Zoologie.*)

20. Note sur les mollusques d'eau douce de la Haute-Kabylie. — 1859. (*Annales des Sciences naturelles*).

21. Études récentes sur les dialectes berbers de l'Algérie. — In-8°. — 1859. — Challamel.

22. Note sur les crocodiles de l'Oued Takmalet (Sa'hara tunisien). — 1859. (*Annales des Sciences naturelles*).

23. Études militaires sur la domination turque en Kabylie. — Le bey Mohammed. — 1859. (*Revue de l'Orient, de l'Algérie et des colonies, Bulletin de la Société Orientale de France.*)

24. Voyage de M. Bou-Der'ba à R'ât (Ghat). — 1859. (*Nouvelles Annalas des Voyages.*)

25. Études sur l'origine et l'histoire de la Haute-Kabylie. — 1860.

26. Études sur la domination romaine dans la Haute-Kabylie. — 1860.

27. La Zaouia de Chellata, excursion chez les Zouaoua de la Haute-Kabylie. (Extrait des *Mémoires de la Société de Géographie de Genève.*) — 1860. — Genève. — Imp. Fick. — 28 pages, avec carte.

28. Note sur l'Antilope addax (me' ha des Arabes). — 1860. (*Revue de Zoologie.*)

29. Note sur la coloration de la peau chez les nègres de la Haute-Kabylie. — 1860. (*Revue de Zoologie.*)

30. Note sur l'existence des ours dans les montagnes de l'Afrique septentrionale. — 1861.

31. Notice sur la tribu des Aïn Fraoucen. — In-8º. — 1861. — Paris. — Challamel.

32. Les Touaregs, renseignements géographiques et itinéraires.

33. Note sur le volume de M. Adrien Berbrugger intitulé *les Puits artésiens des oasis méridionales de l'Algérie.* (*Nouvelles Annales des Voyages.* — 1861.)

34. Notes sur le Belad Haauran (Syrie). (*Nouvelles Annales des Voyages.* — 1861.)

35. Les Phéniciens en Corse. — Sarcophage d'Apricciani. (*Revue africaine.* — 1862.)

36. Note sur l'existence des ours en Corse au seizième siècle. — 1862. (*Revue de Zoologie.*)

37. Étude sur les Druses. (*Nouvelles Annales des Voyages.*) — Paris. — A. Bertrand. — In-8º. — 1862.

38. Étude sur la caravane de la Mecque et le commerce extérieur de l'Afrique. — In-8º. — 1862. — Challamel aîné.

39. Mollusques terrestres et d'eau douce observés suda la Haute-Kabylie (versant nord du Djurjura). — In-8°. — 1862. (*Revue de Zoologie.*)

40. Note sur deux inscriptions trouvées à Saint-André de Cotone (Corse). - 1862. (*Revue des Sociétés savantes.*)

41. Carte de la Kabylie sous les Romains. — 1862. (*Revue des Sociétés savantes.*)

42. Formation huîtrière dans l'étang de Diane (Corse). — 1863. (*Revue de Zoologie.*)

43. Les Kabyles et la colonisation de l'Algérie, études sur le passé et l'avenir des Kabyles. — In-18. —1863. — Paris. — Challamel aîné. — Bastide.

44. Nidification de l'autruche. — 1862. (*Revue de Zoologie.*)

45. Mollusques céphalopodes observés sur le littora de l'Algérie. — 1863. (*Revue de Zoologie.*)

46. Note sur l'habitat de l'*Helix caræ*. — Expansion des mollusques terrestres. (1864, *Annales des Sciences naturelles.*)

47. Expériences sur la persistance de la vie dans quelques mollusques terrestres soumis à l'action des eaux marines. (1864, *Revue de Zoologie.*)

48. Notice sur les dromadaires des Touaregs ou Méhara (1864, *Revue de Zoologie.*)

49. Note sur quelques variétés de renards observés en Corse, et particulièrement sur le *Vulpes melanogaster*. (1865, *Revue de Zoologie.*)

50. Ethnographie algérienne. — Les Beni-Bousaïd et

les Beni-Menacers. — 1865. (*Nouvelles Annales des Voyages.*)

51. Note sur la suspension de la vie chez l'*Helix lactea* du Sahara algérien. — 1865. (*Gazette médicale de l'Algérie. — Revue de Zoologie.*)

52. Notice ethnographique sur l'établissement des Arabes dans la province de Constantine. (1865. — *Société archéologique de Constantine.*)

53. Communication à l'Académie des sciences, au sujet de l'origine des tribus berbères. (1865, *Revue de Zoologie.*)

54. Fragments de géographie et d'ethnographie sur le nord de l'Afrique au xive siècle. — 1865.

55. Liste des mollusques ptéropodes observés sur les côtes du Maroc, de l'Algérie et de la Tunisie par M. le docteur Frédéric Mercier et Henri Aucapitaine. (*Revue de Zoologie.* — 1866.)

56. Annotations au catalogue des coquilles marines de l'Algérie publié par M. Weinkauff. (*Revue de Zoologie.*)

57. Notice sur l'histoire et l'administration du beylik de Titeri par M. le baron Aucapitaine et Henri Federmann. (*Revue Africaine.* — 1867.)

58. Nouvelles observations sur l'origine des Berbers-Tamous. — In-8°. Alger. — Challamel. — 1867.

59. Grammaire touareg. — Paris. — Challamel. (Sous presse.)

Sectes religieuses musulmanes. (En préparation.)

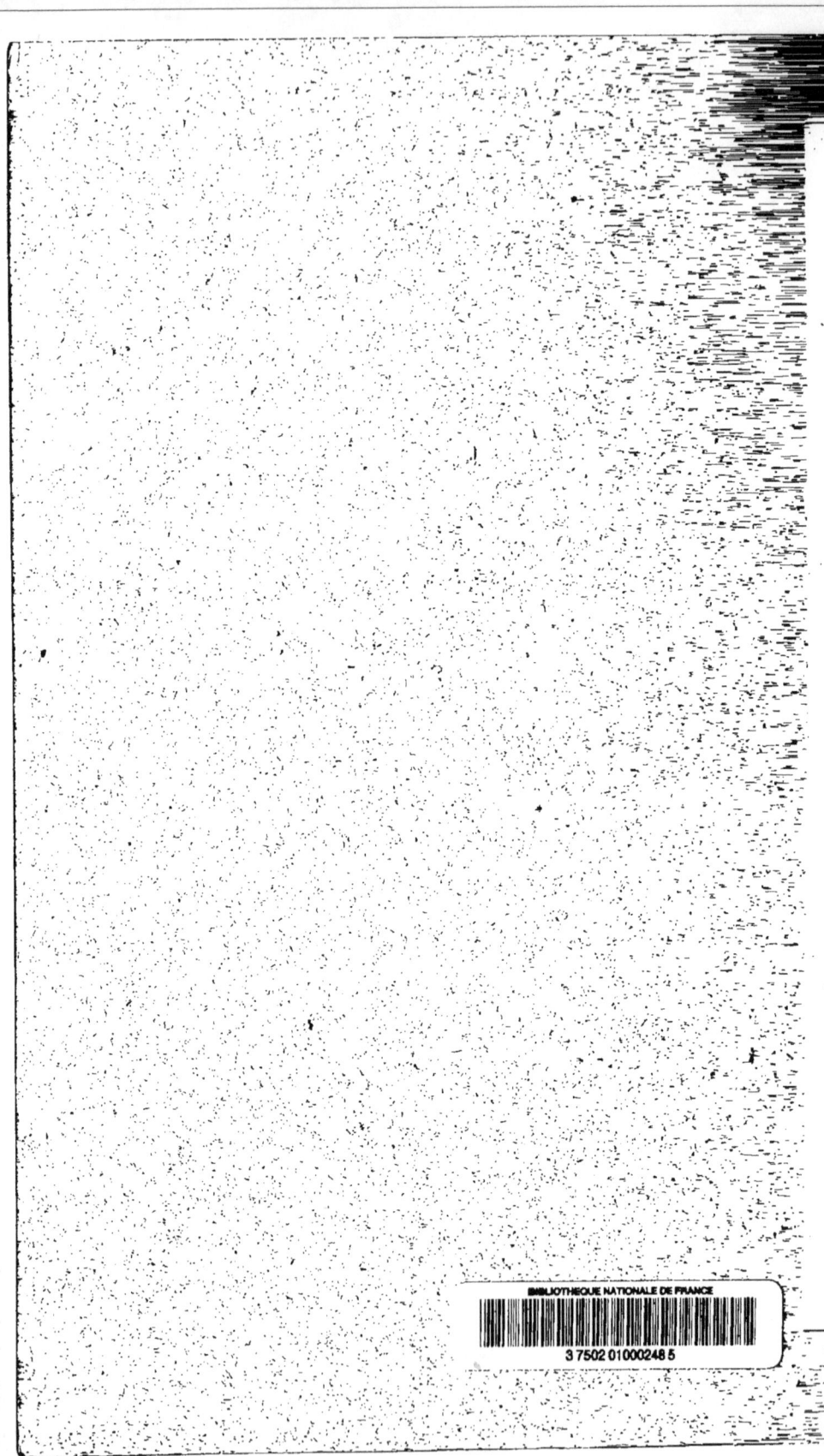

www.ingramcontent.com/pod-product-compliance
Lightning Source LLC
Chambersburg PA
CBHW060916050426
42453CB00010B/1760